la navidad con lucas

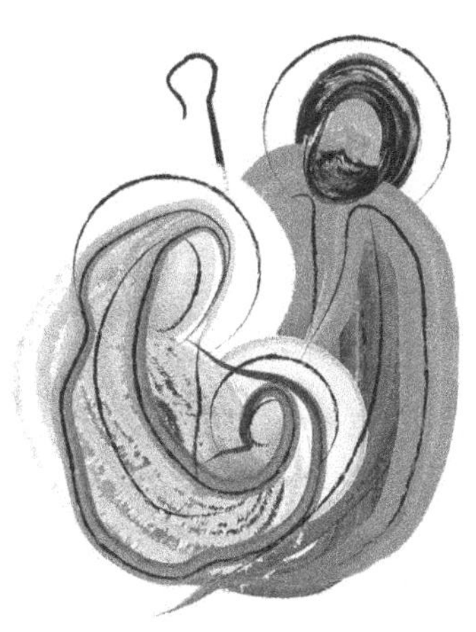

SCOTT WADE
con MATT y FAY WAGNER

dustjacket

Publicado por Dust Jacket Press
La Navidad con Lucas/Scott Wade, con Matt y Fay Wagner

ISBN: 978-1-947671-88-1

Dust Jacket Press
P.O. Box 721243
Oklahoma City, OK 73172
www.dustjacket.com

Un agradecimiento especial a J.R. por su obra en la traducción de este libro. Que Dios use nuestros esfuerzos combinados para su gloria y para el beneficio de nuestros hermanos y hermanas hispanohablantes.

Diseño de portada e interior: D.E. West / ZAQ Designs & Dust Jacket servicios creativos

Impreso en los Estados Unidos de América

www.dustjacket.com

"Para las familias ocupadas que desean inculcar el verdadero significado de la Navidad a sus hijos, este es un gran libro que respalda la historia del nacimiento de Jesús. Incluye actividades que ayudarán a los niños pequeños a comprender de qué se trata realmente la Navidad. Los padres tendrán todo lo que necesitan a su alcance para apoyar la historia bíblica del nacimiento de Jesús."

Tonya Swisshelm
Madre y educadora de escuela pública

DEDICATION

La traducción al español de este libro está cariñosamente dedicada a mis colaboradores, Matt y Fay Wagner, que aman apasionadamente a Dios y que desean compartir su amor con personas de habla hispana. Es un honor llamarlos amigos.

QUÉ ESTÁN DICIENDO OTROS SOBRE *LA NAVIDAD CON LUCAS*

"¿Por qué leer otro devocional de Advenimiento? *La Navidad con Lucas*, del pastor Scott Wade, brinda a los lectores nuevas oportunidades para escapar de sus ocupadas vidas para enfocarse rápida y silenciosamente en el amor, provisión y protección de Jesús para todas las personas. El pastor Wade ofrece condiciones favorables para el pensamiento individual, la conversación en grupos pequeños y las experiencias familiares, ya que nos recuerda que nos concentremos en Jesús durante la temporada de Advenimiento. Al ofrecer varias herramientas para promover el pensamiento y la conversación, el autor agudiza nuestro enfoque en las Escrituras durante esta temporada. Únase al pastor Wade y al apóstol Lucas y encuentre a Cristo activamente esta Navidad."

Dra. Patty Hambrick
Coordinadora de mentores del
vecindario Super Life/Super Bus
Miembro de la facultad emerita (retirada),
ex directora de tecnología académica y becas
académicas, y profesora de educación
Charleston Southern University
Charleston, Carolina del Sur

Contenidos

Prólogo

Existen muchos devocionales para la Navidad. Muy pocos hacen el esfuerzo de incluir la familia completa, ¡algo por lo que estoy muy entusiasmado! Sin un discipulado holístico, integrado, centrado en la familia, frecuentemente nos quedamos con un vacío crítico en nuestra formación espiritual. Scott Wade nos ayuda a volver al camino hacia rectificar este fallo. Este devocional involucra a todos los grupos de edad en la familia. Promueve la discusión entre ellos manteniéndolos a todos en el mismo tema cada día. Este es un gran recurso para ayudar a reunir a las familias bajo un paraguas espiritual común y de crecimiento. Si desea que su familia crezca juntos el uno con el otro y con Dios, ¡esta es una excelente manera de pasar su temporada navideña!

¡Lo mejor de Dios para usted!

Dave Foshee
Pastor Principal
Iglesia Engage
Shawnee, Kansas

AGRADECIMIENTOS

Un agradecimiento especial a Matt y Fay Wagner, amigos de Dios y amigos míos, por sus excelentes preguntas de debate y actividades dirigidas a niños y familias.

Gracias también a Lana, mi esposa, por su aliento mientras escribía y por brindarme sugerencias gentiles mientras revisaba el manuscrito.

A Adam Toler y al personal de Dust Jacket: gracias por su maravilloso liderazgo y asesoramiento experto para llevar este proyecto del plan a la página.

¡Estoy agradecido por el trabajo de mi editor, Jonathan Wright, quien se aseguró de que el desastre que había hecho estuviera limpio y presentable!

Introducción

PARA QUE LLEGUES A CONOCER BIEN LA VERDAD

> *Excelentísimo Teófilo: Muchos han tratado ya de relatar en forma ordenada la historia de los sucesos que ciertamente se han cumplido entre nosotros, tal y como nos los enseñaron quienes desde el principio fueron testigos presenciales y ministros de la palabra. Después de haber investigado todo con sumo cuidado desde su origen, me ha parecido una buena idea escribírtelas por orden, para que llegues a conocer bien la verdad de lo que se te ha enseñado.* (Lucas 1:1–4)

Lucas, un seguidor de Dios, le escribió a Teófilo, un amigo de Dios, "...para que llegues a conocer bien la verdad de lo que se te ha enseñado".

Como Teófilo, ¿es usted un amigo de Dios? ¿Y le gustaría tener un poco más certeza en su vida? ¿Es ese deseo de certeza aún más agudo en esta época cuando la misma "razón para la temporada" está bajo ataque?

Venga a viajar con Lucas, un médico y misionero, desde Nazaret a Belén, de Jerusalén a Judea, de Galilea a Gólgota. Al hacerlo, seguirá los pasos de Jesucristo, el Hijo de Dios. Venga a hacer el viaje a *La Navidad con Lucas*.

No haga este viaje solo. Invite a alguien a acompañarle, para que esta persona también pueda "conocer bien la verdad de lo que se le ha enseñado".

ADVENIMIENTO:
La llegada de una persona o cosa notable

Advenimiento es una palabra en español derivada del Latín *adventus*, que significa “llegada,” “aparición” or “adviento”. Los cristianos celebran la temporada de Advenimiento para reconocer la llegada de Jesús en la Navidad. Tradicionalmente las cuatro semanas antes de la Navidad se apartan para preparar para su llegada.

Es mi esperanza que *La Navidad con Lucas* le ayude en sus preparativos para el Advenimiento mientras se prepara para la llegada de Cristo.

Si bien no sigue estrictamente el calendario de Advenimiento, este libro los guiará a usted y a su familia en un viaje de veinticinco días a la Navidad. Cada día leeremos un capítulo del evangelio de Lucas. El 25 de diciembre volveremos a Lucas 2 para leer la conocida narrativa navideña.

La Navidad con Lucas sigue las lecturas bíblicas de diciembre de *The Climb* (“La Subida”- ver descripción en la parte posterior del libro), pero hay un artículo devocional único de cada capítulo de Lucas que tiene una aplicación específica para esta temporada. *La Navidad con Lucas* también tiene preguntas para ayudarle a aplicar las Escrituras y los pensamientos devocionales a sus preparaciones navideñas. Finalmente, se proporcionan actividades y preguntas para niños y familias para cada día.

Cómo usar
La Navidad con Lucas

Como las fechas de Advenimiento cambian cada año, este libro está estructurado alrededor de los días del mes. A partir del primero de diciembre, las lecturas diarias de las Escrituras y los artículos devocionales lo llevarán al día de Navidad. El 25 de diciembre volverá a Lucas 2:1–20 para leer la conocida historia de Navidad como parte de la celebración del día de Navidad.

Se sugiere que use *La Navidad con Lucas* por separado de sus devociones diarias habituales. Quizás tenga sus devociones personales por las mañanas. En ese caso, podría usar *La Navidad con Lucas* por las noches. O si su tiempo de silencio diario es por la tarde, entonces considere usar este libro durante la cena o justo después.

Es importante darse a usted y a su familia el tiempo suficiente para permitir que el Espíritu Santo le hable mientras trabaja en los materiales. Probablemente le llevará entre diez y veinte minutos completar cada día. Puede dedicar más tiempo si lo desea. Aquí hay una guía sugerida:

1. Lea el capítulo de Lucas. El primero de diciembre será Lucas 1, el 2 de diciembre será Lucas 2, y así sucesivamente. Esto se puede hacer a una hora más

temprana durante el día y/o individualmente si es de ayuda según la dinámica de su familia.

2. Lea el enfoque de las escrituras antes del artículo devocional. Puede considerar que todos lean esto en unísono.

3. Lean el artículo juntos en voz alta. Si hay dos o más personas, puede alternar párrafos o turnarse día a día.

4. Recite la oración que se encuentra en la página siguiente. Si está con otros, haga que todos lo lean juntos. Si hay niños pequeños, haga una breve paráfrasis para que los niños repitan.

5. Discutan las preguntas que se encuentran en "Para considerar".

6. Si lo desea, discutan y reflexionen sobre los elementos en "Para más estudio y reflexión".

7. Si tiene hijos, completen la actividad y la discusión que se encuentran en "Para niños y familias". Si el tiempo es limitado, puede elegir esta opción sobre las otras opciones de discusión ("Para considerar" y "Para más estudio y reflexión"). Sugerencia: los padres querrán mirar estos artículos de antemano para prepararse.

8. Si se pierde un día, ¡no entre en pánico! Al día siguiente, quédese con el horario sin intentar inventarlo. Los artículos no dependen el uno del otro, e incluso hay algunas repeticiones de ideas para el refuerzo. (Es posible que desee designar un momento para recuperar los que se ha perdido, como un domingo por la noche o incluso un día después de Navidad).

¿Está listo para comenzar su viaje a *La Navidad con Lucas*? ¡Comencemos!

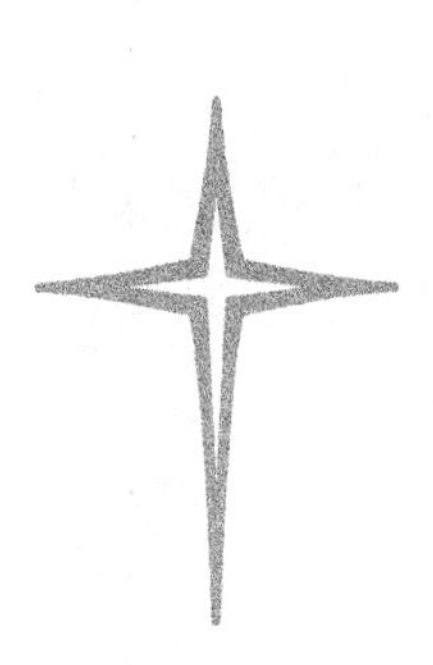

1 DE DICIEMBRE

¿Está seguro?

Lea Lucas 1

"... para que conozcas bien la verdad de las cosas en las cuales has sido instruido". (Lucas 1:4)

Desde una edad temprana aprendí verdades espirituales básicas de mi mamá y otras personas. Como niño mayor estuve involucrado y recibí educación intermitentemente de la Iglesia de Cristo en Montpelier, Ohio. Como un joven adolescente recibí a Cristo como mi Salvador en el altar de la Iglesia del Nazareno en Pioneer, Ohio. Después de eso mi educación espiritual comenzó en serio. Durante los siguientes 46 años he sido instruido por pastores y laicos, profesores y amigos. He leído comentarios, libros y periódicos. He asistido a seminarios y conferencias, escuchado retransmisiones y discos compactos. Me han enseñado muchas, muchas cosas. Yo desesperadamente necesito "conocer bien la verdad de las cosas en las cuales (he) sido instruido".

En un mundo cambiante con moralidad en constante evolución, ¿cómo podemos estar seguros de lo que es correcto? Parece que lo que una vez estuvo bien ahora está mal, y lo malo de ayer está bien hoy. ¿Existe alguna fuente de conocimiento que resista la cultura cambiante? ¿Hay alguna base sobre la cual pueda construir mi vida con confianza?

¡Sí la hay! El Espíritu Santo inspiró a un médico, que se llamaba Lucas, a escribir un libro con ese mismo propósito. Ese libro es el evangelio de Lucas, y es uno de los sesenta y seis libros de la Biblia. En el diluvio moderno del relativismo y el pluralismo, la Biblia se erige como la fuente inmutable de la verdad. Cuando todo lo demás se derrumbe, la Palabra de Dios es constante.

Una de las cosas que aprendí como niño era la letra de un coro conocido: "La B - I - B - L - I - A. Es el libro de mi Dios. En ella solo confío yo, ¡la B - I - B - L - I - A!"

Oración: Gracias, Señor, por tu Palabra, porque allí encuentro a Jesús; encuentro vida. Permite que dentro del ruido y la confusión de este mundo pueda yo ver y seguir tu Palabra con certeza y esperanza. En el nombre de Cristo. Amén.

Para considerar: ¿Hay cosas en la Biblia que no entiende? ¿Cuáles?

¿Qué cosas en la Biblia lucha por aceptar? ¿Por las que se puede guiar? ¿Tiene que hacer algo sobre estas cosas? ¿Qué?

¿Cuáles son algunos eventos actuales y tendencias culturales que se oponen a la enseñanza bíblica? ¿Cómo debe responder a estas tendencias?

¿Cómo puede estar seguro en su fe?

Para más estudio y reflexión: Investigue cómo fue escrita la Biblia.

Reflexionen: ¿Esta información cambia su entendimiento de y respuesta a la Palabra de Dios? ¿Cómo?

Para niños y familias: Hagan una búsqueda en su casa para ver cuántas Biblias pueden encontrar. Cuéntenlas. Mírenlas y compárenlas.

Discuten:

- ¿Por qué es un libro tan importante la Biblia?
- ¿Cómo afecta sus vidas la Biblia?

2 DE DICIEMBRE

Oh, mientras está aquí...

Lea Lucas 2

"Y aconteció que estando ellos allí..." (Lucas 2:6)

En *The God Who Comes* (*El Dios que llega*) Carlo Carretto escribe, "La mejor metáfora para nuestro mundo de hoy es la de astronautas moviendo velozmente por el cosmos . . . Pero la Iglesia se asemeja a María y José viajando de Egipto a Nazaret en un burro, cargando en los brazos la debilidad y la pobreza del Niño Jesús: Dios Encarnado".

Aunque este viaje a Nazaret es del recuento de Mateo, el viaje a Belén es similar. Todo sobre ese viaje indicaba su impotencia y pobreza:

- obligados a viajar ochenta millas (cinco a diez días) durante el embarazo
- separados de las comodidades, la seguridad y la familia cuando preferirían estar en casa
- obligados a tomar días de "licencia no remunerada"
- ¡todo por el «privilegio» de pagar sus impuestos!

Sin embargo, "mientras estaban allí", sucedió algo que cambió el curso de la historia. Este evento cambió su vida y la mía y la vida de innumerables personas. La esperanza nació "mientras estaban allí".

Hoy valoramos ir rápido, estar cómodos, ser notados y ejercer poder. En la historia del nacimiento de Jesús, aprendemos que Dios ve las cosas de manera diferente. En los pasos lentos, cansados y dolorosos de una adolescente muy embarazada y su esposo frustrado, Dios eligió revelarse.

¿Dónde está esta temporada navideña? La mayoría de nosotros vivimos las vidas pesadas y dolorosas representadas por el viaje de José y María. Nuestras vidas son sin incidentes y desapercibidas, insignificantes e inadecuadas. Pero recuerde: mientras esté aquí, justo donde está, Dios llega.

Oración: Gracias, Señor, que escogiste llegar a una pareja humilde en un lugar insignificante. Al llegar allí has santificado vidas tan sencillas y ordinarias como la mía. ¡Entra en mi corazón, Señor Jesús!

Para considerar: ¿Qué circunstancias difíciles en su vida en este momento se asemejan al viaje laborioso de José y María a Belén? ¿Qué cosa(s) buena(s) podrían nacer de estas situaciones difíciles?

¿A quién conoce cuya vida podría describirse como un viaje laborioso? ¿Cómo puede ayudarlo o alentarla?

Para más estudio y reflexión: ¿Por qué cree que Lucas se enfocó más en el nacimiento de Jesús que cualquier otro evangelio escrito? ¿Qué aprendemos en Mateo, Marcos y Juan que Lucas no nos cuenta?

Reflexionen: ¿Qué sugieren las diferencias y omisiones sobre la narrativa del nacimiento?

Para niños y familias: ¡A todos nos gusta divertirnos! Vayan a buscar su juguete favorito. Comparten con su familia por qué les gusta jugar con él.

Discuten:

- ¿Qué hace que este juguete sea divertido?
- Qué es algo que *no* encuentra divertido?
- ¿Creen que fue divertido para María y José caminar tan lejos hasta Belén?
- ¿Qué hace que sea más fácil realizar tareas que no son divertidas?

3 DE DICIEMBRE

¿Bebé Jesús o el Jesús que bautiza?

Lea Lucas 3

"Él *os bautizará en Espíritu Santo y fuego."* (Lucas 3:16)

La llegada de Jesús fue todo un asunto: anunciada por ángeles, presenciada por pastores, atendida por sabios, rechazada por gobernantes. Pero el bebé que causó este revuelo se calló. Después de treinta años, el silencio fue roto por la "voz del que clama en el desierto" (v. 4).

Esa voz que clama, claro, era la de Juan el Bautista. Él mismo creó un gran revuelo: reunió grandes multitudes, bautizó a los pecadores arrepentidos y molestó a los pretendientes religiosos. Sin embargo, Juan dijo de Jesús y de él mismo, "Es necesario que él crezca, pero que yo mengüe" (Juan 3:30). ¿Por qué? Porque Juan sabía que él simplemente bautizaba con agua para arrepentirse, mientras que Jesús bautizaría con el Espíritu Santo.

Jesús, el Bebé de Belén, es el que:

- ***Bautiza*** con el Espíritu Santo y fuego. Atrás quedó la debilidad del Bebé de Belén. Jesús ofrece el poder del Espíritu Santo a quienes lo siguen.

- ***Despeja*** su piso de trilla. El trigo y la paja existen juntos en el piso de trilla. Pero el piso estará despejado. El mayal del juicio separará el mal del bien.

- ***Recoge*** el trigo en su granero pero quema la paja. La separación del trigo de la paja dará como resultado una recolección y una quema. ¿El juez? ¡Jesús! Los que han aceptado a Cristo se reunirán para estar con él para siempre. Los que lo rechazaron quedarán impresionados por los vientos de una eternidad sin Dios.

No deje a Jesús en el pesebre esta época navideña. Hágalo el Señor de su vida.

Oración: Jesús, esta Navidad ayúdame a recordar que eres más que un bebé en un pesebre. Eres el Todopoderoso Hijo de Dios y el Juez de todos. Me inclino humildemente ante ti en adoración y rendición. Amén.

Para considerar: ¿Cuál es más fácil aceptar para el mundo: el bebé Jesús o el Jesús que bautiza? ¿Por qué?

¿Hay cosas que Jesús quiere recoger de su vida? ¿Qué son?

Para más estudio y reflexión: ¿Qué piensa que significa ser bautizado con fuego? ¿Con el Espíritu Santo?

¿Qué aprende sobre el bautismo en el Espíritu en Hechos 1–2?

Reflexione: Lea Hechos 19:1–6. ¿Ha recibido al Espíritu Santo desde que primero creyó?

Para niños y familias: Miren algunas fotos de bebé de personas en su familia. Piensen en cómo han cambiado las personas en esas fotos.

Discuten:

- ¿Cuáles son algunos ejemplos de cosas que pueden hacer ahora que no podían hacer cuando eran bebés?
- ¿Qué tipo de cosas podrán hacer cuando sean adultos que no pueden hacer ahora?
- ¿Cómo puede Jesús ayudarnos a convertirnos en el tipo de persona que él quiere que seamos?

4 DE DICIEMBRE

*¿Quiere decir **qué**?*

Lea Lucas 4

"Y levantándose, le echaron fuera de la ciudad."
(Lucas 4:29)

En nuestra sociedad secular "Feliz Navidad" se ha vuelto menos frecuente, reemplazada por las "Felices Fiestas" (o "Happy Holidays" en inglés) políticamente correctas. ¡Cristo ha sido expulsado de la Navidad!

No estamos sorprendidos. Sucedió en la Biblia. En Lucas 4, Jesús fue expulsado de Nazaret. Al principio, los nazarenos amaban a este chico de la ciudad que estaba "de moda" en todo el país. Quizás esperaban que él pudiera cambiar su lamentable reputación. Pero cuando Jesús los llamó por su muerte espiritual, decidieron que, después de todo, no les gustaba. Lo expulsaron. Más que eso, "lo echaron fuera de la ciudad" para tirarlo de la cumbre del monte. (v. 29). ¡Estaban enojados!

La gente todavía está enojada con Jesús. No les gusta que él saque a la luz su pecado. Entonces lo expulsan. Jesús está bien en las escenas del pesebre de las iglesias, pero no toleraremos una escena del pesebre en propiedad pública. Podemos dejarlo entrar en una canción o dos durante la temporada, pero es mejor si su nombre no aparece. Durante todo el año, Jesús no puede venir a nuestras escuelas ni puede ser parte de nuestras conversaciones en el trabajo. Dios no permita que aparezca en ningún foro público. Entonces: "¡Felices fiestas!"

Pero al igual que en Lucas 4, Jesús tiene la última risa. Caminó a través de ellos y siguió su camino. Hoy creo que puedo escucharlo reír cuando la gente dice: "Happy Holidays" en inglés, porque en estas palabras sustitutivas él todavía está allí en medio de ellas: *holiday* se deriva del antiguo *haligdæg* inglés, literalmente "un día consagrado a propósitos divinos". Me gusta eso. ¡Dicen que es su día!

Así que cuando escucha "¡Felices Fiestas!" o "Happy Holidays!" no se ofenda. Sonría y diga "¡Feliz Navidad!"

Oración: Señor, gracias por la santa y feliz celebración de la Navidad. Ayúdame a difundir la alegría de esta temporada donde quiera que vaya. En tu nombre lo pido. Amén.

Para considerar: ¿Alguna vez se ha sentido intimidado o restringido de decir "Feliz Navidad"? ¿Cuáles fueron las circunstancias? ¿Cómo se sintió? ¿Qué debería sentir en situaciones como esa?

¿Qué significa la Navidad en *su* vida y familia? ¿Cómo celebran la Navidad? ¿Qué mensaje transmiten sus celebraciones?

Para más estudio y reflexión: Lea Mateo 2 para descubrir y discutir cómo los reyes magos y José reaccionaron a las reacciones negativas a la llegada de Jesús.

Reflexione: ¿Cambia eso cómo se siente sobre el clima cultural actual? ¿Cómo? ¿Qué debería hacer diferente?

Para niños y familias: Usen una computadora para investigar cómo decir "Feliz Navidad" en otros idiomas.

Discuten:

- ¿Por qué creen que algunas personas pueden tener miedo para decir "Feliz Navidad"?
- ¿Cómo pueden difundir el gozo de la Navidad a otros este año?

5 DE DICIEMBRE

Lo viejo es bueno

Lea Lucas 5

"Y ninguno que beba del añejo, quiere luego el nuevo; porque dice: El añejo es mejor." (Lucas 5:39)

Cuando Jesús vino a predicar las buenas nuevas de la gracia de Dios, muchos se opusieron a su mensaje. Simplemente no lo entendieron. Durante generaciones habían estado bebiendo el vino viejo de la ley. Estaba bien. El nuevo vino de la gracia no les atraía. "Estamos bien, ¡gracias!"

Hubo otros, sin embargo, "recaudadores de impuestos y pecadores", que recibieron con gusto el vino nuevo del reino. Estaban enfermos y cansados de lo que el pecado les estaba haciendo a ellos y a sus familias. Le dieron la bienvenida a Jesús y su mensaje, porque reconocieron que estaban enfermos y necesitaban un médico. Arrepentidos de sus pecados pasados, bebieron profundamente de la gracia de Dios. "¡Señor, sé misericordioso conmigo, un pecador!"

Es fácil, incluso después de beber el nuevo vino de la gracia, volver a la costumbre de decir: "Lo viejo es bueno". Mientras caminamos con el Señor, nos acostumbramos a hacer las cosas de cierta manera. A Dios le gusta sorprendernos de vez en cuando: "He aquí que yo hago cosa nueva" (Isaías 43:19).

Eso es lo que era la Navidad: algo *nuevo*: "Os doy *nuevas* de gran gozo". Esta temporada es un buen momento para recordarnos que Dios está continuamente haciendo algo nuevo y que también debemos estar abiertos a hacer algo nuevo. "¡Siempre lo hemos hecho así!" debería ser reemplazado por "Dios, ¿qué cosa nueva vas a hacer en mi vida hoy?"

Oración: Dios de la creatividad y la vida, me arrodillo ante el Bebé de Belén y oro para que el reino nazca en mí, nuevo y fresco, hoy. Ayúdame a beber profundamente del nuevo vino de gracia día a día. En el nombre de Cristo lo pido. Amén.

Para considerar: ¿Qué cosa nueva está haciendo Dios en mi vida ahora mismo? ¿Estoy cooperando o resistiendo?

¿Me estoy aferrando a las viejas formas de:

- adorar?
- testificar?
- servir?

¿Me está hablando Dios acerca de hacer cambios en estas áreas?

Para más estudio y reflexión: Haga una búsqueda en Internet sobre diferentes formas de adoración cristiana en todo el mundo. Considere si algunos son "erróneos" y si otros "están en lo correcto".

Reflexione: Lea Hechos 2:41–47 y 1 Corintios 11 y 14 y considera la adoración cristiana del primer siglo. ¿Cómo es la adoración diferente hoy? Lea Juan 4:24. ¿Cuál es la "verdadera forma" de adorar?

Para niños y familias: Como familia, prueben una comida nueva.

Discuten:

- ¿Por qué la gente a veces tiene miedo de probar comidas nuevas?
- ¿Por qué la gente tiene miedo de dejar que Dios haga algo nuevo en sus vidas?
- ¿Qué cosa nueva podrían intentar para acercarse a Dios durante esta temporada navideña?

6 DE DICIEMBRE

Dame tus pobres

Lea Lucas 6

"Bienaventurados vosotros los pobres, porque vuestro es el reino de Dios." (Lucas 6:20)

"Dame tus cansadas, tus pobres,
Tus hacinadas multitudes anhelantes de
respirar en libertad,
El desdichado desecho de tu rebosante playa,
Envía a estos, los desamparados que botó la ola, a mí,
¡Yo alzo mi lámpara detrás de la puerta dorada!"

Estas palabras de esperanza de Emma Lazarus se encuentran en la base de la Estatua de la Libertad en el puerto de Nueva York. ¡Buenas noticias! Para el exiliado hay un hogar. He leído relatos de personas que llegan de tierras lejanas y vidas oscuras. Al ver a la Dama de la Libertad por primera vez, se sienten abrumados por la emoción. De hecho son bendecidos.

Jesús anhela bendecir a las masas pobres y cansadas. Pero a diferencia de la Estatua de la Libertad, él no está simplemente parado al lado de la puerta dorada del cielo esperando a dar la bienvenida a aquellos que de alguna manera puedan encontrar su camino. No, Jesús *vino* a los exiliados sin hogar, a aquellos que anhelan un lugar y la libertad, para poder conducirlos al reino de Dios.

Y no importa que seamos pobres. De hecho, Jesús dijo que los pobres son bendecidos, porque son los pobres quienes reciben el reino que él da. No hay otra forma en que podamos entrar. Debemos recibir este regalo por fe.

Esta temporada recuerde que Jesús dejó las riquezas del cielo para nacer en un establo para ganado. Llegó a nuestra pobreza para que pudiéramos ser bienvenidos en su reino. Una estrella brilla sobre un establo en Belén y ha venido a mostrarle el camino a casa.

Oración: Gracias, Padre, por "la gracia de nuestro Señor Jesucristo, que, aunque era rico, por causa de ustedes se hizo pobre, para que mediante su pobreza [nosotros llegáramos] a ser ricos". (2 Corintios 8:9). En el nombre de Jesús oro. Amén.

Para considerar: Investigue las áreas más ricas de los Estados Unidos o del mundo o considere a las personas más ricas que conoce. ¿Son esas personas las más felices en comparación con las de otras regiones?

¿De qué manera es pobre? ¿Cómo impacta la pobreza en su felicidad? ¿De qué maneras es rico? ¿Cómo forma su riqueza su felicidad?

¿De qué manera es más fácil ser feliz cuando uno es pobre? ¿Cómo afecta Proverbios 13:8 a su respuesta?

Para más estudio y reflexión: Lea Mateo 19:16–30. ¿Qué quiso decir Jesús cuando dijo que e resulta más fácil a un camello pasar por el ojo de una aguja que a un rico entrar en el reino de Dios?

Reflexione: ¿Hay cosas materiales que le están impidiendo celebrar la Navidad? ¿Cómo? ¿Qué debe hacer al respecto?

Para niños y familias: Decidan como individuos o como familia qué cosa que ya les pertenece podrían dar a alguien necesitado.

Discuten:

- ¿Cómo les hace sentir regalar algo que realmente les gusta?
- ¿Cómo les hace sentir saber que Jesús renunció a las riquezas del cielo para nacer en un establo oscuro y sucio?

7 DE DICIEMBRE

El que había de venir

Lea Lucas 7

"¿Eres tú el que había de venir, o esperaremos a otro?" (Lucas 7:20)

Día tras día, el cartero iba y venía. El paquete no estaba en el buzón. El camión de UPS condujo calle arriba, pero el conductor pasó de largo. El camión de FedEx se detuvo en el camino de entrada y dejó paquetes, pero el indicado no estaba en el porche. La Navidad se acercaba rápidamente y el regalo especial que había ordenado para mi esposa aún no estaba aquí. Seguí atento.

"Los ciegos ven, los cojos andan, los leprosos son limpiados, los sordos oyen, los muertos son resucitados, y a los pobres es anunciado el evangelio" (v. 22). Esta fue la respuesta de Jesús al desesperado Juan el Bautista, quien estaba encerrado en la prisión de Herodes y preguntaba: "¿Eres *tú el que había de venir, o esperaremos a otro?*"

Además de citar la evidencia, Jesús advirtió a Juan: "Bienaventurado el que no halle tropiezo en mí" (v. 23). ¿*Tropezado* por Jesús? ¡Juan había atado su fortuna a Jesús! Había dedicado su vida a preparar el camino para Jesús. Había vivido en el desierto, llevaba pelo de camello que daba comezón y había comido langostas crujientes, todo por el bien de Jesús. ¿Cómo pudo Jesús insinuar que Juan se tropezaba por él?

La raíz griega usada aquí es *skandalon* y significa literalmente "trampa, tropiezo, causa de error". Jesús sabía lo difícil que era para Juan y le recordaba: "No te desanimes por las circunstancias. Puede que no parezcan señalarme, pero recuerda: yo soy el indicado.

Quizás las circunstancias de esta temporada navideña parecen estar en su contra. Sea valiente. Jesús es el que había de venir.

Oración: Señor, a veces es difícil para nosotros ver y comprender tus propósitos, pero en Navidad nos has dejado muy claro tu amor. Eres el indicado. Ayúdanos a no buscar más. En tu nombre oramos. Amén.

Para considerar: ¿Qué "prisiones" le están frenando y desanimando su fe? ¿Son de su propia creación o causados por otro? ¿Qué esperanza y aliento le trae la Navidad?

¿A quién conoce que está desanimado en su fe? ¿Qué puede hacer o decir para ayudar a esta persona?

Para más estudio y reflexión: Lea Génesis 50:15–21. ¿Cuál fue "todo el mal" que los hermanos de José le habían causado? (Véase Génesis 37–41.)

¿Cómo respondió José? (Véase Génesis 50:20.)

Reflexione: ¿Cuál es su actitud de respuesta cuando las cosas desalentadoras suceden? Cuando persisten? ¿Qué pasa si algo necesita cambiar?

Para niños y familias: Jueguen al trile en familia: Voltee tres tazas opacas y esconda un objeto pequeño (canica, tapa de botella, etc.) debajo de una taza. Mueve las tazas rápidamente para mezclarlas y deja que otros adivinen qué taza esconde el objeto.

Discuten:

- ¿Cómo se sintieron cuando adivinaron correctamente? ¿Incorrectamente?
- ¿Cómo podemos mantenernos enfocados en ver a Dios trabajando en nuestras vidas incluso cuando las cosas se vuelven confusas?

8 DE DICIEMBRE

Agua de la roca

Lea Lucas 8

"Otra parte cayó sobre la piedra; y nacida, se secó, porque no tenía humedad." (Lucas 8:6)

"Estos dos árboles fueron plantados al mismo tiempo". No le creí a mi amigo Marshall cuando me dijo eso. Un árbol, de más de tres metros de altura, estaba cargado de hermosas manzanas rojas. El otro, que apenas alcanzaba los cinco pies, era flaco y completamente desprovisto de manzanas. Mi amigo señaló el árbol escuálido y dijo: "Ese estaba plantado sobre una roca". Debajo de la superficie, un poco más profundo que Marshall había cavado el agujero, había una roca enorme que impedía que el árbol echara raíces profundas. No tenía humedad.

La parábola de Jesús en Lucas 8 describe lo que le sucede a la semilla que no tiene humedad. Algunas semillas caen en el camino donde nunca llegan al suelo húmedo y fértil. Otras semillas caen entre las malezas donde las malas hierbas absorben toda la humedad. Y algunas semillas caen en un suelo rocoso donde, como con el manzano de mi amigo, la humedad es poco profunda y de corta duración.

La alegría navideña es así. Requiere "humedad". Algunas personas lo extrañan porque la vida es un camino endurecido de tristeza, sufrimiento y sospecha. Las circunstancias les roban la esperanza y la fe. Otros extrañan la alegría navideña debido a las "malezas". Todas las fiestas, la decoración, las compras y la cocina absorben la alegría de inmediato. Otros extrañan la alegría navideña porque sus vidas son poco profundas y miopes. Hay poca profundidad preciosa para recoger y mantener el significado de la Navidad.

Plante las semillas de su celebración navideña en el rico y húmedo suelo de Jesucristo. Como la roca de Moisés en el desierto, Jesús es la roca que derramará agua refrescante y vivificante. ¡Beba profundamente de Jesús esta Navidad y lleve a otros a la fuente!

Oración: Jesús, eres Agua Viva. Viniste a esta tierra para traernos alegría y paz, esperanza y amor. Ayúdame en medio del ajetreo y el bullicio de esta temporada para beber profundamente del agua de la vida. En tu nombre lo pido. Amén.

Para considerar: ¿Hay malas hierbas que le quitan la alegría de su corazón esta temporada de Navidad? ¿Qué son?

¿Es hora de desmalezar?

Para más estudio y reflexión: Lee Génesis 17:1–8 y Números 20:1–13. ¿De dónde vino esa agua?

Ahora lea 1 Corintios 10:1–4. ¿Cómo cambia eso su respuesta?

Reflexione: ¿Cuál es la fuente de su alegría navideña?

Para niños y familias: Miren juntos cuidadosamente un árbol de Navidad, ya sea en su hogar o en otro lugar. Examinen los diferentes y variados adornos, sus complejidades y otras características.

Discuten:

- ¿Qué adorno es su favorito? Por qué les gusta?
- ¿Cómo dan alegría las decoraciones navideñas a nuestras celebraciones?
- ¿Cómo podemos recordar siempre la importancia del nacimiento de Jesús?
- ¿Cuán alegres estaban María y José cuando nació Jesús?

9 DE DICIEMBRE

¿Intenciones o acciones?

Lea Lucas 9

"Te seguiré, Señor; pero . . ." (Lucas 9:61)

En un viaje misionero a Guatemala, nuestro coordinador de viaje, Matt, fue muy específico: "Cuando estemos en el aeropuerto de Guatemala, ¡síganme!". Realmente tenía la intención de hacerlo, ¡solo me distraje! Matt no estaba contento de que mis intenciones y acciones no coincidieran.

Mientras Jesús predicaba el evangelio, se encontró con tres hombres con intenciones de seguirlo. Uno por uno, sin embargo, se les ocurrieron excusas para no seguirlo.

- El primer hombre aparentemente tenía cierta preocupación por su alojamiento. Eso es legítimo.

¡Necesitamos asegurarnos de que estemos bien descansados para la obra del reino! Pero Jesús no garantizaría su comodidad.

- El segundo quería enterrar a su padre. ¡Eso suena legítimo hasta que consideres el hecho de que el padre del hombre probablemente todavía estaba vivo! Lo que estaba diciendo era: "Señor, después de que mi padre muera y me dé mi herencia, te alcanzaré". Jesús le dijo que el reino no espera a nuestra conveniencia.

- El tercer hombre con buenas intenciones quería despedirse de su familia. ¡Seguro que está bien! Pero Jesús, mirando a su corazón, leyó sus verdaderas intenciones. El hombre no podía dejar de lado lo familiar y siempre anhelaba regresar. Jesús le dijo que lo dejara atrás.

Compare estos tres hombres con buenas intenciones con los tres reyes magos, cuyas acciones hablaron más fuerte que sus palabras. Dejaron seguridad y comodidad, familiares y amigos, cuando se dispusieron a encontrar al "Rey de los judíos". Siguieron a la estrella de Navidad hasta "el lugar donde estaba el niño. . . y le ofrecieron regalos: oro, incienso y mirra". (Mateo 2). ¿Esta temporada sus intenciones se traducen en acciones? ¿Está siguiendo a Jesús?

Oración: Señor, en Navidad mis pensamientos van hacia ti con mayor facilidad y frecuencia, y tengo buenas intenciones de seguirte, pero mis acciones no siempre reflejan mis intenciones. Ayúdame a seguirte no solo en Navidad sino todos los días. En el nombre de Cristo oro. Amén.

Para considerar: ¿Cómo he dicho: "No ahora, Señor, pero luego lo haré. . . ." a Jesús?

¿Hay intenciones que necesito convertir en acciones? ¿Qué son?

Para más estudio y reflexión: Lee Filipenses 3:12–16. ¿Qué debo olvidar de mi pasado? ¿A qué en mi futuro debo seguir intentando alcanzar?

Reflexione: En 1 Reyes 20:11, el rey de Israel dijo: "Decidle que no se alabe tanto el que se ciñe las armas, como el que las desciñe". ¿Me estoy jactando prematuramente de los logros que aún no se han completado?

Para niños y familias: Jueguen un juego de "Seguir al líder" juntos. Permita que cada miembro de la familia se convierta en el líder. Fomente el juego y la creatividad (saltar, brincar, etc.).

Discuten:

- ¿Qué tan bien funcionaría este juego si las personas que se suponía que debían seguir no siguieran?
- ¿Qué tipo de problemas podríamos tener si no seguimos a Jesús?

10 DE DICIEMBRE

Trabajo y alabanza

Lea Lucas 10

"María ha escogido la buena parte, la cual no le será quitada." (Lucas 10:42)

La semana pasada, Lana y yo nos tomamos un tiempo fuera de nuestro horario para asistir a nuestro banquete de Navidad del distrito. A pesar de que estamos retirados ahora, todavía es una época ocupada del año. ¡Nuestros hijos y nietos llegarán en unos días y tenemos que prepararnos! Hubiera sido fácil decir: "No vayamos al banquete este año. Tenemos mucho que hacer". Sin embargo, me alegro de haber ido. Fuimos bendecidos por el compañerismo pero especialmente por el concierto de Navidad, que era parte del programa. Al adorar, disfrutamos de la presencia del Señor.

Hay muchas cosas que nos pueden distraer de la presencia del Señor en Navidad. ¿No es eso triste? Son cosas buenas, como las cosas que Marta estaba haciendo: cocinar, limpiar, ser anfitriona. Pero Jesús quiere que estemos *con* él, que nos sentemos a sus pies, que adoremos. Esa es la "buena porción" que dijo que María había elegido.

La palabra traducida como *porción* indica "una parte como distinta del todo". De hecho, ser discípulo es más que adoración. Hay trabajo por hacer. El trabajo que Marta había elegido hacer no carecía de importancia ni estaba relacionado con ser un discípulo fiel. Pero como la adoración de Mary era solo una parte, también el trabajo de Martha era solo una parte. Sin embargo, la adoración era la mejor parte, la "buena porción". Si tenemos que elegir entre uno u otro, debemos elegir la parte buena, ¿no? Si tenemos que elegir qué hacer primero, debemos adorar antes de trabajar si es posible.

Esta Navidad, en medio de todo el trabajo de servir al Señor, pase tiempo adorando, sentado a sus pies.

Oración: Gracias, Señor, por María y Marta, que me muestran que ser tu discípulo es una combinación de trabajo y adoración. Ayúdame a hacer tanto esta temporada como todo el año. En el nombre de Cristo oro. Amén.

Para considerar: ¿De qué manera es como Marta? ¿De qué manera es como María?

¿Necesita hacer ajustes para equilibrar su trabajo y adoración?

Para más estudio y reflexión: Piense en los trabajadores minoristas, los proveedores de servicios de entrega e incluso en su iglesia, ministros y trabajadores. En Navidad se incrementa su trabajo. ¿Qué puede hacer para ayudar a aliviar su carga y alegrar sus vacaciones?

Reflexione: Lea Mateo 11:27–30. ¿Necesita descanso para su *alma*?

Para niños y familias: ¡Pongamos esto en práctica! Tómense un tiempo para adorar juntos en familia (oren juntos, canten algunas canciones navideñas, etc.). Luego, ¡manos a la obra! Como grupo, realicen una tarea simple que debe hacerse en la casa (decorar el árbol, hornear galletas, etc.).

Discuten:

- ¿Por qué es importante la adoración?
- ¿Por qué es importante el trabajo?
- ¿Por qué es importante adorar antes de trabajar?

11 DE DICIEMBRE

El bosque encantado

Lea Lucas 11

"Mira pues, no suceda que la luz que en ti hay, sea tinieblas." (Lucas 11:35)

¡Amo las luces de Navidad! He arreglado cuidadosamente nueve "árboles" de Navidad en mi patio lateral, cada uno con cientos de luces. Lo llamo "el bosque encantado". Tengo tres "árboles" de luces más en mi porche delantero. Luego hay luces en dos árboles que flanquean el frente de la casa. ¡Me encanta venir a la colina después del anochecer y ver todas las luces! ¡Me hace sentir tan festivo! La otra noche cuando llegué a la cima de la colina, sin embargo, me decepcioné. ¡No había luces parpadeantes para saludarme! Descubrí que la humedad se había metido en uno de los temporizadores y el circuito se había disparado. Tomé medidas inmediatas, cubriendo el temporizador para que no se mojara en el futuro. Después de todo, no había hecho todo ese trabajo para que las luces estuvieran oscuras.

Durante esta temporada estamos rodeados de luces. Además de las luces en los árboles, hay inflables luminiscentes en los patios delanteros, estrellas encima de los árboles, velas en las ventanas y luminarias a lo largo de las aceras y entradas. Con todas estas luces, uno pensaría que la oscuridad se mantendría a raya. Sin embargo, me pregunto si estas luces menores oscurecen la verdadera Luz de Navidad.

Jesús dijo que debemos "tener cuidado para que la luz en ti no sea oscuridad". Creo que esas palabras son especialmente relevantes en Navidad. Deberíamos ser aún más diligentes en Navidad para asegurarnos de que la Luz del Mundo alumbre brillantemente en nosotros. Todas las fiestas, regalos y decoraciones deben abrir nuestros ojos a la gloriosa verdad de que el Hijo de Dios vino a la tierra para salvarnos de nuestros pecados.

Esta Navidad, que Jesús brille no solo *en* usted pero *a través de* usted para que otros puedan ver la luz y venir a ella.

Oración: Señor, gracias porque has alumbrado tu luz en mi vida. Esta temporada de Navidad, ayúdame a dejar que brille mi luz para que otros puedan venir a ti. En el nombre de Jesús oro. Amén.

Para considerar: ¿Alguna vez ha visto la luz de Jesús en alguien? ¿Cómo era esa persona?

Considere los momentos en su vida cuando su luz brillaba más. ¿Qué estaba pasando en esos tiempos? ¿Está su luz alumbrando tan brillante ahora?

Para más estudio y reflexión: Conéctese en línea y explore la historia de las decoraciones navideñas en varios tiempos y lugares, tanto en las culturas cristianas como en las no cristianas. ¿Qué simbolizan estas diversas decoraciones?

Reflexione: ¿Cómo debo "decorar" mi vida para simbolizar el verdadero significado de la Navidad en esta temporada y durante todo el año?

Para niños y familias: Miren juntos las luces de Navidad en su vecindario (o en línea). Discuten y disfruten de las diferentes exhibiciones.

Discuten:

- ¿Qué arreglo de luz fue su favorita? ¿Por qué?
- ¿Qué tipo de cosas nos distraen de la verdadera luz de la Navidad?

12 DE DICIEMBRE

Aceite y agua

Lea Lucas 12

"¿Pensáis que he venido para dar paz en la tierra? Os digo: No, sino disensión." (Lucas 12:51)

"Porque un niño nos es nacido, hijo nos es dado . . . y se llamará su nombre . . . Príncipe de Paz" (Isaías 9:6). "Gloria a Dios en las alturas, y en la tierra paz" (Lucas 2:14). El apóstol Pablo identificó a Jesús como "el Señor de la paz" (2 Tesalonicenses 3:16) y dijo que "él mismo es nuestra paz" (Efesios 2:14).

En este día de ánimo político y ansiedad personal, escuchamos al profeta y al ángel, al predicador y al apóstol decir que Jesús trae la paz. ¿Por qué entonces Jesús dijo: "¿Piensan que he venido a dar paz en la tierra?"

El mundo define la paz como la ausencia de conflicto. Pero la paz de Jesús es diferente de la del mundo: " La paz os dejo, mi paz os doy; yo no os la doy como el mundo la da" (Juan 14:27). "En el mundo tendréis aflicción; pero confiad, yo he vencido al mundo" (Juan 16:33).

Jesús mismo es en realidad una amenaza para el tipo de paz del mundo:

- Los cristianos están obligados a dar testimonio mientras el mundo busca silenciar a Cristo.
- Los cristianos operan bajo éticas y valores diferentes, poniendo el reino de Dios en conflicto con los reinos de los hombres.

Como dicen, "el aceite y el agua no se mezclan"

Jesús morando dentro de nosotros, sin embargo, nos da una paz que pasa la comprensión. Nuestras circunstancias pueden no ser pacíficas, pero nuestros corazones pueden estar en paz, porque el que nació en Belén es el Príncipe de la Paz. Entonces, incluso cuando las diferencias causan división, tenemos "paz con Dios mediante nuestro Señor Jesucristo" (Romanos 5:1).

Oración: "Oh Dios, nuestro Padre, que enviaste a tu Hijo para ser Rey de reyes y Príncipe de paz: Concede que todos los reinos de este mundo se conviertan en el reino de Cristo y aprendan de él el camino de la paz. Envía a todas las personas el espíritu de buena voluntad y reconciliación" (*El libro de adoración*).

Para considerar: ¿De qué manera ser cristiano ha causado conflictos en su vida?

Piense en formas en que el cristianismo choca con la cultura popular. ¿Cómo debemos responder?

Para más estudio y reflexión: Lea Juan 18:33–40. ¿Qué quiso decir Jesús cuando dijo, "Mi reino no es de este mundo" (v. 36)? ¿Cómo deberíamos responder a esto?

Reflexione: ¿Alguna vez se has encontrado librando una guerra según la carne" (2 Corintios 10:3)? Si es así, ¿qué debe hacer?

Para niños y familias: ¡Hagan un experimento! Vierta una pequeña cantidad de aceite y agua en un tazón o frasco. Permita que los niños intenten mezclarlos. Discuta el hecho de que esto simplemente no funciona. (Consejo: puede colorear el agua para que el efecto sea más pronunciado).

Discuten:

- ¿Qué pasó cuando trató de mezclar el aceite y el agua?

- ¿Cuáles son algunos ejemplos de cosas en la vida que simplemente no se mezclan (rivales escolares, personas que no están de acuerdo, etc.)?
- ¿Qué piensan sobre la capacidad de Jesús de traer paz a nuestros corazones incluso cuando algo que no es pacífico está sucediendo a nuestro alrededor?

13 DE DICIEMBRE

Receta navideña

Lea Lucas 13

"Es semejante a la levadura, que una mujer tomó y escondió en tres medidas de harina, hasta que todo hubo fermentado." (Lucas 13:21)

Me gusta decir "Feliz Navidad" a las personas y ver sus reacciones. Algunas personas me devuelven el saludo navideño. Otros dicen: "Felices fiestas". Otros no responden en absoluto. Esos son los que realmente me interesan: cómo puedo atraer el espíritu navideño a ellos.

Las palabras *Feliz Navidad* son como la levadura "que una mujer tomó y escondió en tres medidas de harina". Esta temporada nos da la oportunidad de poner un poco de levadura en nuestra comunidad, para elevarla por encima del comercialismo vulgar que abunda. Pero vayamos más allá de esas palabras y mezclemos "tres medidas de harina, hasta que todo esté fermentado".

Piense en estas tres medidas para acompañar su "Feliz Navidad":

- *Paz.* Las cosas están más ocupadas de lo habitual en esta temporada. El ritmo es agitado. Los nervios están sensibles. La paciencia se acaba. En lugar de expresar impaciencia, haga algo para promover la paz.
- *Esperanza.* Algunas personas experimentan recuerdos dolorosos y soledad. Dé esperanza este año. Intente ir a un hogar de ancianos y cantar villancicos. Invite a alguien a almorzar. Que las personas sepan que no están olvidadas.
- *Gozo.* Muchos aparentemente han perdido su capacidad de sonreír. Diviértase en Navidad. Decore y celebea. Después de todo, esta es una fiesta de cumpleaños, y nadie quiere un amargado en una fiesta de cumpleaños. ¡Sonría!

No esconda el verdadero significado de la Navidad en su corazón. Mézclelo con el mundo que le rodea hasta que quede todo leudado.

Oración: Señor, en esta temporada de Navidad tiendo a concentrarme en lo que tengo que hacer. En vez de eso, ayúdenme a traer una "Feliz Navidad", mezclada con paz, esperanza y alegría a quienes me rodean. En tu nombre lo pido. Amén.

Para considerar: ¿Cómo puede leudar su lugar de trabajo, su familia, su vecindario o su salón de clases con alegría navideña?

¿Conoce a alguien que haya experimentado pérdidas este año? ¿Qué hará para ayudar a esta persona a redescubrir la esperanza de la Navidad?

Para más estudio y reflexión: Lea Eclesiastés 11:1–2. ¿Qué crees que significa "echar tu pan sobre las aguas"? ¿Cómo va a volver a usted?

Reflexione: Las modas recientes han elogiado "las cadenas de favores" o "actos de bondad al azar". ¿Qué puede estar mal en esos sentimientos? ¿Cómo podrían mejorarse?

Para niños y familias: Proporcione papel y crayones (u otros materiales de arte) para hacer tarjetas de Navidad. Anime a los niños a concentrarse en la paz, la esperanza y la alegría mientras decoran las tarjetas. Luego, difundan el espíritu de la temporada a los demás entregándoles personalmente las tarjetas a alguien que necesite ser edificado.

Discuten:

- ¿Cómo reflejaron las cartas que diseñaron paz, esperanza y alegría?
- ¿Qué piensan sobre las reacciones de las personas que los recibieron?

14 DE DICIEMBRE

Pasen la sal, por favor

Lea Lucas 14

"Buena es la sal; mas si la sal se hiciere insípida, ¿con qué se sazonará?" (Lucas 14:34)

Me encanta hacer palomitas con caramelo en Navidad. Un año olvidé agregar la sal, era solo una pequeña cantidad, a la receta. ¡Las palomitas con caramelo "perdieron su sabor" sin sal!

La sal es un ingrediente importante en muchos platos. Jesús usó el significado de la sal para enseñar a sus discípulos que sus vidas debían ser condimentadas por el reino de Dios y sus valores.

Asegurémonos de agregar un poco de sal a nuestras celebraciones de Navidad este año, porque:

- *La sal preserva.* En la antigüedad, la sal se usaba para mantener los alimentos frescos y comestibles. ¿Cómo podemos agregar un poco de sal para preservar la Navidad y mantener fresco su verdadero significado?

- *La sal da sabor.* Seamos realistas: casi todo, desde papas fritas hasta brócoli, sabe mejor con un poco de sal. Incluso nuestros postres, como las palomitas con caramelo, incluyen una pequeña cantidad de sal para resaltar los otros sabores. En medio de todos los otros "gustos" de la Navidad, demos sabor a la temporada navideña con su verdadero significado: el nacimiento de Jesucristo.

- *La sal purifica.* Se usaba sal para desinfectar heridas. No fue una experiencia particularmente agradable para el herido, pero fue necesario para prevenir la infección. El mensaje de pecado y arrepentimiento es desagradable para los pecadores, pero eso no debería hacernos rehuir la difusión del evangelio en Navidad.

No deje que el cinismo y el consumismo del mundo le roben el sabor de la Navidad. En cambio, deje que su Navidad sea salada con la verdadera razón de la temporada. ¡Páseme la sal, por favor!

Oración: Jesús, ayúdanos a ser sal y luz para quienes nos rodean esta temporada. El mundo te necesita desesperadamente, incluso cuando no lo saben. Ayúdanos a actuar de una manera que condimente la Navidad con tu amor, paz y alegría. En el nombre de Cristo oramos. Amén.

Para considerar: ¿Cuáles son las tres funciones de la sal descritas anteriormente?

- ¿Cómo puedo personalmente:
- añadir un poco de "sal" para preservar el significado de la Navidad?
- difundir amor y amabilidad en lugar del consumismo esta Navidad?
- compartir el mensaje del amor y el perdón de Dios?

Para más estudio y reflexión: ¿De dónde viene la sal? ¿Eso te ayuda a entender las palabras de Jesús en Marcos 9:50: "Que no falte la sal en ustedes mismos"?

Reflexione: Investigue el "pacto de sal" en la Biblia. ¿Qué significa y cómo se aplica a usted?

Para niños y familias: Disfruten juntos de una merienda salada en familia (pretzels, palomitas de maíz, etc.). Hablen sobre por qué se ha agregado sal a la comida y cómo podría saber sin la sal.

Discuten:

- ¿Les gusta la sal en su comida?
- ¿Cómo es la sal en la comida como la "sal" que deberíamos ser en el mundo?
- ¿Qué podría pasar si perdemos nuestra "salinidad"?

15 DE DICIEMBRE

¡Hagamos fiesta!

Lea Lucas 15

"¿O qué mujer que tiene diez dracmas, si pierde una dracma, no enciende la lámpara, y barre la casa, y busca con diligencia hasta encontrarla?" (Lucas 15:8)

¡Qué alterados estábamos cuando la perdimos de vista en la iglesia ese día! Ella era una invitada en nuestra casa por una razón muy especial. Ella había decidido, con la ayuda de Dios, eliminar una adicción. Ella se quedaba con nosotros para comenzar de nuevo, lejos de los desencadenantes y las tentaciones. Pero obtuvimos más de lo que esperábamos. No solo era una invitada en nuestro hogar, ¡sino que también se convirtió rápidamente en un tesoro en nuestros corazones! Entonces, cuando resultó "desaparecida", ¡nos volvimos frenéticos! Registramos la iglesia y los terrenos. Conduje por la ciudad deteniéndome en algunos de los lugares habituales. Seguimos buscando diligentemente hasta que la encontramos. ¡Qué aliviados estábamos cuando nos reunimos!

Jesús describió a una mujer que perdió algo valioso para ella: una moneda. Probablemente era parte de su dote y probablemente se usaba como parte de un tocado o collar para su custodia. Estaba cerca de su corazón y mente. Sí, ella tenía otras nueve, pero cada una de ellas era valiosa para ella. Entonces, cuando perdió esta moneda, buscó diligentemente hasta que la encontró. Y cuando la encontró, ¡hizo una fiesta!

Somos preciosos así para Dios. Sí, tiene muchos hijos, pero conoce a cada uno por su nombre. Nos mantiene cerca de su corazón y en su mente. Cuando se trata de "encontrarnos", ningún esfuerzo es demasiado grande para él. Por eso envió a su Hijo a un humilde establo en Belén: "para buscar y salvar a los perdidos" (Lucas 19:10). Esta Navidad recuerde que somos el tesoro de Dios, buscados y amados. ¡Vamos a tener una fiesta!

Oración: Gracias, Señor Jesús, por haber venido a buscarme, encontrarme y salvarme. ¡Oh, el maravilloso amor de mi Salvador! Me regocijo de ser el foco de tu atención y afecto. Te amo con todo mi corazón, alma, mente y fuerza. En tu nombre oro. Amén.

Para considerar: ¿Cuándo en la Biblia Dios comenzó a buscar a los perdidos? ¿Cuándo se detendrá?

¿Qué puede hacer para ayudar a las personas a encontrar su "camino a casa" hacia Dios?

Para más estudio y reflexión: ¿Quiénes son "los perdidos" a quienes Jesús vino a buscar y salvar (Lucas 19:10)? Lea Juan 3:16; 1 Timoteo 2:4; 2 Pedro 3:9; Apocalipsis 22:17.

Reflexione: En Génesis 4 leemos la historia de Caín y Abel. ¿Qué puede aprender sobre la actitud de Dios hacia el pecador de sus interacciones con Caín?

Para niños y familias: Jueguen juntos un juego de "Veo veo" en familia. Un miembro del grupo elige un objeto en la sala, le dice al grupo de qué color es y los demás intentan adivinar el objeto. Asegúrese de dar a cada niño la oportunidad de ser tanto un "selector" como un "adivinador".

Discuten:

- ¿Cómo se sintieron cuando finalmente adivinaron el objeto correcto durante el juego?

- ¿Alguna vez han perdido algo que les era importante y luego lo encontraron? ¿Cómo se sintieron cuando lo encontraron?
- ¿Por qué creen que Jesús nos considera tan importantes que vino a la tierra a buscarnos?

16 DE DICIEMBRE

Yo soy ese mendigo

Lea Lucas 16

"A la puerta de su casa se tendía un mendigo llamado Lázaro." (Lucas 16:20, NVI)

"Yo soy ese mendigo." Esas fueron las primeras palabras que se me ocurrieron cuando leí las Escrituras de hoy.

Así como Lázaro el mendigo fue puesto a las puertas de un hombre rico, el Hijo de Dios vino a esta tierra como un bebé en Belén, donde él mismo era un "mendigo". Como con todos los demás bebés, Jesús era completamente dependiente de su madre y su padre. Desde entonces, Jesús ha aparecido una y otra vez en la forma de un mendigo u otro.

Leo Tolstoi escribió un breve cuento titulado "Donde está el amor, Dios está". Como dice la historia, Jesús habló a Martín, un zapatero, en un sueño diciendo: "Mira la calle, Martín, porque mañana te apareceré a ti y me recibirás". Al día siguiente, Martín despertó con gran anticipación. Según cuenta la historia, Martín recibió invitados tres veces a medida que avanzaba el día, todos mendigos de una forma u otra. Martín los ayudó de varias maneras. Martín, sin embargo, se desanimó más y más cuando Cristo mismo no aparecía. Al final del día, una voz y una visión le llegaron: "Martín, esos mendigos que ayudaste eran yo".

Día tras día Jesús se nos aparece y espera a que lo recibamos. No lo hace con luces deslumbrantes y trompetas. No es tan dramático. Ni siquiera es tan dramático como los tres invitados de Martín en el cuento de Tolstoi. En cambio, viene a nosotros en los simples mendigos que nos rodean, personas que necesitan aceptación y apoyo, asistencia y esperanza. ¿Lo recibiremos? ¿Haremos espacio para él en nuestros corazones?

Escuche al Bebé de Belén diciendo: "Yo soy ese mendigo".

Oración: ¡Señor, con demasiada frecuencia te busco para que vengas con estrellas, pastores y ángeles! Esta temporada, ayúdame a verte en cada cara y responder con una sonrisa y una palabra de aliento. En tu nombre lo pido. Amén.

Para considerar: ¿Necesita dejar espacio para Jesús en sus celebraciones navideñas?

¿Necesita hacer espacio para Jesús en su vida?

Para más estudio y reflexión: Cuando recibimos a Jesús, recibimos su identidad. ¿Cuál es la parte más difícil de la identidad de Jesús para asumir?

Reflexione: ¿Cómo le hace sentir referirse a Jesús como "ese mendigo"? ¿Están ofendidas sus sensibilidades espirituales? ¿Está indignado? Lea Mateo 25: 31–46. ¿Cómo cambia eso su respuesta?

Para niños y familias: Anime a cada miembro de la familia a encontrar una prenda de vestir que ya no necesite y donarla a una despensa de ropa local.

Discuten:

- ¿Cómo les hace sentir cuando ven a alguien pidiendo comida o dinero?
- ¿Cómo creen que Jesús quiere que respondamos cuando vemos a alguien necesitado?

17 DE DICIEMBRE

Levántate y vete

Lea Lucas 17

"Levántate, vete; tu fe te ha salvado." (Lucas 17:19)

La historia del nacimiento de Jesús concluye con los pastores levantándose y siguiendo su camino después de haber visto al Bebé. Cuando Jesús se encontró con María afuera de la tumba vacía y ella se arrodilló ante él, apretando sus pies, él le dijo en esencia que "se levantara y se fuera". Él la envió con un mensaje a los otros discípulos. Aquí en Lucas 17 Jesús sanó a diez leprosos. Uno regresó y "se postró rostro en tierra a sus pies, dándole gracias" (v. 16). El mensaje de Jesús para él fue "Levántate, vete" (v. 19).

Jesús nos llama a sí mismo y nos recibe cuando venimos. Nos invita a alejarnos y descansar. Nos invita a venir a cenar. Se sienta a "cenar con nosotros". Recibe nuestra adoración y nuestra gratitud. Pero entonces su mensaje para nosotros se convierte en "Levántate y vete".

- **Levántate.** El leproso había vivido derrotado y rechazado. ¡Esa vida baja había terminado! Cuando Jesús nos toca, no nos deja en el barro. Nos levanta y pone los pies sobre una roca sólida. ¿Cuál es nuestra respuesta a él? ¿Decimos: "No, prefiero quedarme aquí en el barro"? ¡Somos más que vencedores por medio de Jesucristo! Nuestra fe nos ha hecho bien. Después de la limpieza, ¿estamos viviendo bien?

- **Vete.** El leproso limpio no solo debía levantarse sino también "seguir su camino". Parte de vivir bien es vivir con un propósito. El leproso tenía un camino por recorrer, y nosotros también. Estamos comisionados para contarle a otros acerca de él. Hay personas que solo nosotros estamos llamados a alcanzar, trabajos que solo nosotros estamos llamados a hacer. Después de la adoración, ¿vamos por nuestro camino?

Sí, celebre la Navidad con alegría, paz y gratitud. Entonces, ¡recuerde "levantarse e irse"!

Oración: Oh Señor, me has limpiado de los pecados de mi pasado y me has dado una vida nueva y victoriosa. Ayúdame a tener suficiente fe para vivirlo este día. Ayúdame a levantarme e ir en el nombre de Jesús. En tu nombre lo pido. Amén.

Para considerar: ¿De qué manera necesita el toque sanador de Jesús? ¿Esta historia le da esperanza?

¿Quiénes son las personas a las que solamente usted está llamado a contactar? ¿Los alcanzará? ¿Cuáles son los trabajos a los que solo usted está llamado? ¿Los hará?

Para más estudio y reflexión: Investigue la enfermedad de la lepra. ¿Cree que es sorprendente que solo un leproso haya regresado para darle gracias a Jesús?

Reflexione: ¿Hay cosas en su vida por las cuales no le ha agradecido a Dios? ¿Cómo puede darle las gracias?

Para niños y familias: Jueguen un juego de lluvia de ideas. ¿En cuántas cosas que se levantan o suben pueden pensar? (Ejemplos: el sol, la temperatura, las personas en la mañana, etc.) ¿Cuántas cosas que van se les ocurre? (Ejemplos: automóviles, tiempo, personas, etc.)

Discuten:

- ¿Cuál es la relación entre *levantarse* e *irse*?
- ¿Qué quiso decir Jesús cuando le dijo a la gente que hiciera esto?
- ¿A dónde querría Jesús que fueran?

18 DE DICIEMBRE

Un bebé bueno

Lea Lucas 18

"¿Por qué me llamas bueno? Ninguno hay bueno, sino sólo Dios." (Lucas 18:19)

En Navidad, es natural pensar en Jesús como un bebé. A veces me pregunto si él fue un "buen bebé". Ya sabe el tipo, nunca quisquilloso, sonriendo y arrullando todo el tiempo, comiendo bien, nunca escupiendo, y, este realmente me impacta, ¡durmiendo toda la noche! ¡Esos son siempre los bebés de *otra* persona!

Independientemente de si Jesús era un "buen bebé", años más tarde un hombre rico y poderoso se dirigió a él como un "buen maestro". Sin embargo, Jesús le preguntó: "¿Por qué me llamas bueno?". Me pregunto si su respuesta se vio afectada por lo que sabía que le iba a pasar en la cruz. Hubo aquellos en su día, como en los días de Job y nuestros días, que vieron cualquier debilidad como una señal de pecado y corrupción. "El Dios que sufre" o "el Dios moribundo" sería anatema en esa cultura. Y dado que solo Dios no se ve afectado por la enfermedad y la muerte, ya que solo Dios vive para siempre, solo Dios es bueno. Creo que Jesús desafió esa definición de bien y, por lo tanto, nuestro concepto de Dios.

Tenemos una tendencia a etiquetar a las personas según nuestra definición de *bien*, ¿no? Y también nos preguntamos qué podría estar mal con las personas que sufren. Pero el sufrimiento es la imagen que Jesús pintó desde su nacimiento hasta su muerte. Asumió nuestra carne, nuestra debilidad y, en última instancia, nuestra mortalidad. Sin embargo, él es Dios. Y Dios es bueno.

Y aquí están las buenas noticias de un Jesús que llora y muere. Él trae la fuerza de Dios a nuestra debilidad y la bondad de Dios a nuestro pecado y la vida de Dios a nuestra muerte. Por sus llagas somos sanados.

Oración: Gracias, Señor, que te hiciste carne en toda su debilidad e incluso en su muerte para que pudieras darme poder y vida. Recibo tu bondad, tu vida hoy. En tu nombre oro. Amén.

Para considerar: ¿Alguna vez ha estado cerca de un bebé quisquilloso? ¿Cuándo? ¿Fue agradable?

¿Por qué cree que los bebés se "quejan"? ¿Cree que Jesús "se quejó"?

Para más estudio y reflexión: Piense en algunas formas en que la humanidad de Jesús se exhibió en los evangelios. ¿Eso lo hizo pecador? (Ver Hebreos 4:15.)

Reflexione: Lea Isaías 53. Jesús tomó nuestra imperfección y nuestro dolor, haciéndolos de él. ¿Por qué lo hizo? ¿Es bueno eso?

Para niños y familias: Jueguen juntos el "juego de cumplidos". Comience con un miembro de la familia y haga que cada miembro diga algo bueno sobre esa persona. Asegúrese de que todos tengan la oportunidad de recibir halagos.

Discuten:

- ¿Cuál fue su cumplido favorito?
- ¿Qué hace que Jesús sea bueno?
- ¿Cómo puede eso afectar su vida?

19 DE DICIEMBRE

Compare, contraste y considere

Lea Lucas 19

"¡Bendito el rey que viene en el nombre del Señor; paz en el cielo, y gloria en las alturas!" (Lucas 19:38)

Cuando Jesús nació en Belén, los ángeles cantaron: "¡Gloria a Dios en las alturas! ¡Paz en la tierra! ¡Buena voluntad para con los hombres!". Más de treinta años después, cuando Jesús entró en Jerusalén, la multitud hizo eco a esos ángeles: "¡Bendito el Rey que viene en el nombre del Señor! ¡Paz en el cielo y gloria en las alturas!

Compare y contraste:

- **Llegada**. En debilidad y vulnerabilidad, Jesús vino, primero como un bebé para vivir, luego como un cordero para morir. Su venida fue con gran canto en ambas ocasiones. La primera canción fue cantada por ángeles, la segunda por una gran multitud de adoradores terrenales.

- **Corona**. El niño Jesús fue reconocido por los reyes magos como el "Rey de los judíos". Cuando llegó a Jerusalén, Jesús fue reconocido como un rey. Cuando Pilato lo envió a ser crucificado, lo coronó, "Jesús de Nazaret, Rey de los judíos" (Lucas 23:38).
- **Multitud**. Junto con unos pastores, "una multitud de las huestes celestiales... alababan a Dios" (Lucas 2:13). Cuando llegó a Jerusalén "toda la multitud de los discípulos, gozándose, comenzó a alabar a Dios a grandes voces" (Lucas 19:37). Sin embargo, esa multitud pronto le dio la espalda a Jesús, "diciendo: ¡Fuera con éste!" (Lucas 23:18).
- **Gritos**. El débil llanto de un bebé en el pesebre se convirtió en los fuertes gritos de una multitud y el grito final y victorioso de un Salvador: "Consumado es" (Juan 19:30).

Considere: Este Jesús que vino a Belén y Jerusalén vendrá nuevamente. Luego será coronado Rey de Reyes y Señor de Señores. Una gran multitud alrededor del trono gritará: "¡Gloria a Dios en las alturas!"

Oración: Jesús, gracias porque no te detuviste, sino que completaste tu misión. Del cielo a Belén, de Galilea a Jerusalén, de la cruz a la tumba, ¡y de la muerte a la vida! Dame, oh Señor, gracia para seguir tus pasos. En tu nombre lo pido. Amén.

Para considerar: Mire las cuatro cosas que comparamos y contrastamos en el devocional:

- Llegada
- Corona
- Multitud
- Gritos

¿Dónde encaja con cada uno de ellos? ¿Por qué?

Para más estudio y reflexión: ¿Qué es lo más reverente que hace? ¿Es sincero?

Reflexione: Lea la descripción de la adoración del cielo que se encuentra en Apocalipsis 4–5. Según cómo adora ahora, ¿encajará allí?

Para niños y familias: Canten o escuchen juntos algunos villancicos favoritos de Navidad. Discuten las palabras y el significado de las canciones mientras canta o escucha.

Discuten:

- ¿Por qué los villancicos de Navidad son una parte tan importante de esta temporada?

- Si Jesús estuviera cantando con ustedes, ¿qué canción creen que podría ser su favorita? ¿Por qué?
- Al vivir cada día, ¿cómo pueden nuestras vidas "cantar" como lo hacen los ángeles y como lo hacían las multitudes?

20 DE DICIEMBRE

¡Oye, chiquillo!

Lea Lucas 20

"Enviaré a mi hijo amado; quizá cuando le vean a él, *le tendrán respeto."* (Lucas 20:13)

Durante la temporada de fútbol americano me encanta ver esos videos caseros que muestran a los jugadores como niños. ¿Quién pensaría que ese chiquillo de sesenta libras se convertiría en una amenaza de doscientos sesenta libras? ¡Es difícil obtener respeto cuando solo eres un chiquillo! ¡Pero los chiquillos pueden convertirse en gigantes!

Cambie a Lucas 20. Cuando algunos labradores comenzaron a defraudar al dueño de la viña, decidió tomar medidas. Primero envió sirvientes para cobrar el alquiler. Cuando fueron rechazados, el propietario decidió enviar a su hijo. Pero los labradores le echaron un vistazo al joven y le dijeron: "¡Es solo un niño! ¡Vamos a eliminarlo!" Luego tuvieron que contar con la ira del padre. No les fue bien.

Dios decidió enviar a su Hijo también. Él nació en la debilidad. Creció pobre e intrascendente. Sus enemigos dijeron: "Es solo un niño. Vamos a eliminarlo". ¡Y lo hicieron! Murió en humillación y aparente derrota. Detrás del Hijo, sin embargo, estaba el poder del Padre. La debilidad de la muerte se convirtió en el poder de la resurrección. Los que rechazan al Hijo tienen que responder al Padre. Aquellos que no juzguen al Hijo como poderoso se presentarán ante el Juez de toda la tierra.

Dios envió a su Hijo para ser el Salvador del mundo. Cuando era un bebé y un niño, era débil y poco impresionante. Incluso como adulto fue crucificado en debilidad. ¡Pero Dios no lo abandonó a la tumba! ¡Al tercer día se abrió el abismo y Jesús emergió en triunfo y poder!

Sí, respetemos al Hijo, el Bebé de Belén, porque es amado. ¡Y detrás de este Bebé está el poder del Dios Todopoderoso!

Oración: "Te alabo, Padre, Señor del cielo y de la tierra, porque escondiste estas cosas de los sabios y de los entendidos, y las revelaste a los niños. . . porque así te agradó" (Mateo 11:25–26). Lo pido en el nombre de Jesús. Amén.

Para considerar: Cuando somos cristianos nuevos, ¿cómo somos como bebés físicos? ¿De qué manera nos quedamos así? ¿De qué manera lo superamos?

Piense en algunas personas que ha conocido que parecían superar su potencial. ¿Qué hizo la diferencia en sus vidas que podrían superar las expectativas?

Para más estudio y reflexión: Lea la historia de Sadrac, Mesac y Abednego en Daniel 3. Preste atención a su "si no" en el versículo 18. ¿Puede decir "si no" en su situación?

Reflexione: ¿En qué circunstancias de su vida está esperando una resurrección? ¿Confiará en Dios mientras espera?

Para niños y familias: Diviértanse un poco con un torneo familiar de "guerra de pulgares". Si no sabne qué es la guerra de pulgares, pueden encontrar videos en línea para explicarlo. Vea quién tiene el "pulgar más poderoso".

Discuten:

- ¿Qué miembro de la familia tiene el "pulgar más poderoso"?
- Jesús no hizo guerras de pulgares con sus enemigos, ¿así que cómo mostró su poder sobre ellos?
- ¿Cómo puede ayudarles el poder de Dios?

21 DE DICIEMBRE

Siempre estuve pensando en ti

Lea Lucas 21

"Entonces verán al Hijo del Hombre, que vendrá en una nube con poder y gran gloria." (Lucas 21:27)

En la película *Una historia de Navidad* Ralphie está obsesionado con un rifle de aire comprimido Red Ryder. Planea y trama cómo puede asegurarse de que estará debajo del árbol en Navidad. Es todo lo que tiene en mente.

¿Qué tiene en la mente esta Navidad? El teólogo A. W. Tozer escribió: "Lo que nos viene a la mente cuando pensamos en Dios es lo más importante sobre nosotros". La idea detrás de esto nunca ha sido más necesaria que en Navidad, cuando muchos han olvidado el verdadero significado de las vacaciones.

En Lucas 21, Jesús compartió algunas ideas proféticas que pueden parecer fuera de lugar en Navidad: guerras, hambruna, terremotos y señales del cielo. También predijo el martirio de los creyentes llamados a dar testimonio ante los reyes. En los últimos días, estarán "desfalleciendo los hombres por el temor y la expectación de las cosas que sobrevendrán en la tierra; porque las potencias de los cielos serán conmovidas"(v. 26). Entonces "verán al Hijo del Hombre, que vendrá en una nube con poder y gran gloria" (v. 27). Todos se enfrentarán cara a cara con Jesús. Todos finalmente se inclinarán ante el nombre de Jesús y confesarán que él es Señor (Filipenses 2: 10–11).

En la primera venida de Jesús hace más de dos mil años, había quienes no estaban dispuestos a confesarlo como Señor. En cambio, buscaron encontrar y eliminar a un bebé indefenso. Al final de su vida lo arrestaron y lo crucificaron. ¡Pero se levantó de entre los muertos y ascendió al Padre! Pronto vendrá otra vez "en una nube con poder y gran gloria".

Oración: ¡Señor, cuánto anhelamos el día en que regreses para reclamar a tus hijos y hacer que todo sea nuevo! Ayúdanos a mirar hacia ese día con emoción mientras tu Hijo se revela en todo su poder y gloria. En tu maravilloso nombre oramos. Amén.

Para considerar: ¿Cuáles son sus aspectos favoritos de la Navidad? ¿Qué tiene en la mente esta Navidad? ¿Que *debería* tener?

Lea Hechos 20:35. ¿Por qué cree que Jesús dijo que es más bendecido dar que recibir?

Para más estudio y reflexión: Haga una lista de las señales en Lucas 21. ¿Cómo están estos en evidencia hoy en día?

Reflexione: Mientras celebra su primera venida, que su segunda venida lo llene de esperanza y paz, ¡porque el Bebé en el pesebre es el Rey de Reyes y Señor de Señores! ¡Póstrese ante él en adoración!

Para niños y familias: Cuenten sobre el regalo de Navidad favorito que hayan recibido.

Discutir:

- ¿Qué hay en su lista de Navidad este año?
- Durante una temporada tan emocionante, ¿cómo podemos asegurarnos de que estamos pensando más en Jesús que en los regalos que recibiremos?

22 DE DICIEMBRE

Tan feo como el pecado

Lea Lucas 22

"Señor, ¿heriremos a espada?" (Lucas 22:49)

Navidad: "Es la época más maravillosa del año", una hermosa temporada adornada con luces y acebo, que resuena con villancicos y saludos. Sin embargo, cuando llegamos al final de Lucas, recordamos la *razón* por la que tenemos Navidad. Esa razón es, como dicen, "tan fea como el pecado".

Lucas comparte algunas cosas feas en el capítulo 22:

- celos sin importancia y posicionamiento, ¡en la iglesia!
- amigos que no pueden permanecer despiertos, ¡ni siquiera por una hora!

- la traición de Jesús, ¡con un beso!
- rindiéndose ante la presión, ¡los amigos queridos!
- violencia por parte de los poderosos, ¡contra los inocentes!

En medio de toda esta fealdad nos enfrentamos a otro: el recurso instintivo a la violencia: "Señor, ¿heriremos a espada?" Sí, es comprensible porque Jesús les dijo: "El que no tiene espada, venda su capa y compre una" (v. 36). Pero esas palabras eran claramente simbólicas. ¡Jesús les había dicho que dos espadas eran suficientes! Incluso entonces, los discípulos no "captaron" su obvio sarcasmo.

¿Por qué? Porque sus corazones no *querían* "entenderlo". Tenían una *afección cardíaca*: pecado. Esta fealdad instintiva explica las cosas feas que hicieron. Y esta afección cardíaca explica las cosas feas que hacemos. Y ese es el motivo de la Navidad. El ángel en una ladera de Belén dijo: "Os ha nacido hoy, en la ciudad de David, un Salvador" (Lucas 2:11). ¿De qué nos salvará? "Llamarás su nombre Jesús, porque él salvará a su pueblo de sus pecados" (Mateo 1:21).

¡Oh, bello, bello Salvador!

Oración: Gracias, Señor Jesús, por esta temporada bella. Nos has dado "gloria en lugar de ceniza, óleo de gozo en lugar de luto, manto de alegría en lugar del espíritu angustiado" (Isaías 61:3). ¡Verdaderamente eres un bello Salvador! En tu nombre precioso oramos. Amén.

Para considerar: ¿Cuáles son algunas cosas hermosas que suceden en el mundo hoy?

¿Cuáles son algunas cosas feas que suceden? Dé las gracias a Dios que Jesús vino a transformar toda esta fealdad en belleza.

Para más estudio y reflexión: ¿Es "la espada" mal utilizada en nuestra sociedad? ¿Si es así cuando? ¿Cuál es el uso adecuado de "la espada"?

Reflexione: ¿A qué necesita aplicar "la espada"? ¿Qué fealdad en su vida necesita el toque transformador de Jesús?

Para niños y familias: Vea qué tan rápido cada miembro de la familia puede decir las letras del alfabeto. ¡No tenga miedo de hacerse el tonto con esto! Aproveche esta oportunidad para presentar el ABC de la salvación a sus hijos:

A = Todos somos pecadores y debemos ADMITIRLO.

B = Debemos BUSCAR CREER que Jesús murió para salvarnos de nuestros pecados.

C = Debemos CONFESAR que Jesús es Señor y ofrecerle nuestras vidas.

Tomen el tiempo juntos para orar. Permitan a sus hijos la oportunidad de hacer una oración de salvación si aún no lo han hecho. Incluso los niños que han orado por esto antes pueden encontrar consuelo ofreciéndose a Jesús nuevamente.

Discuten:

- ¿Cómo les hace sentir saber que Jesús es su Salvador?

23 DE DICIEMBRE

Ven, Jesús tan esperado

Lea Lucas 23

Herodes, viendo a Jesús, se alegró mucho, porque hacía tiempo que deseaba verle. (Lucas 23:8)

En 1744, Charles Wesley estaba angustiado por la condición de los pobres y los huérfanos en Gran Bretaña. Anhelando el regreso del Señor y la restauración de la justicia, Wesley escribió el himno de Advenimiento "Ven, Jesús tan esperado". Su pensamiento era que, al recordar la primera venida de Cristo, nos conmoveríamos para prepararnos para su segunda venida.

Lucas escribió sobre un hombre que había deseado ver a Jesús: el rey Herodes. Anhelar ver a Jesús suele ser algo bueno, pero en este caso debemos considerar la motivación detrás del anhelo de Herodes. Mientras Wesley anhelaba justicia, Herodes anhelaba ver a Jesús obrar un milagro o entretenerlo. Fue divertido por Jesús, no sorprendido por él.

Cuando contamos los días y anticipamos la llegada de la Navidad, ¿cuáles son nuestros motivos? ¿La Navidad se trata de divertirse o sorprenderse? ¿Los regalos o la presencia? ¿Saqueo o maravilla?

Acerquémonos a la Navidad con un verdadero deseo de ver a Jesús:

Ven, Jesús muy esperado,
  Ven, y quita de tu grey
Sus temores y pecados,
  Pues tú eres nuestro Rey.
Eres fuerza y alegría,
  De la tierra y de Israel;
Y esperanza para aquellos,
  Que te esperan con gran fe.

Naces para bien de todos;
  Aunque niño, eres Dios;
Naces para hacernos buenos;
  Oh Jesús, ven pronto hoy.
Con tu Espíritu divino
  Reina en todo corazón,
Y tu gracia nos conduzca,
  A tu trono de esplendor.

—Charles Wesley

Oración: Jesús, perdóname cuando anhelo la Navidad por todas las razones equivocadas. Ayúdame a celebrar la Navidad con un sincero deseo de honrarte y ayudar a mi "vecino". En tu nombre lo pido. Amén.

Para considerar: ¿Cómo nos divierte la Navidad? ¿Cómo podemos sorprendernos?

¿Cómo podemos invitar a la presencia de Jesús más plenamente en nuestras celebraciones navideñas?

Para más estudio y reflexión: Investiga la Edad Media. ¿Por qué fue llamado también "oscurantismo"? ¿Cómo se compara con hoy?

Reflexione: Al considerar su vida, ¿qué es lo más apremiante que le hace orar: "Ven, Jesús tan esperado"? ¿Le entregará esa cosa a Dios?

Para niños y familias: Cuenten chistes juntos. Si necesitan ideas, hay listas en línea. Trate de ver si pueden inventar algunos nuevos juntos.

Discuten:

- ¿Qué hace que estos chistes sean tan divertidos?
- ¿Cómo podemos asegurarnos de recordar que la Navidad no se trata de divertirnos, sino de sorprendernos de lo que Dios ha hecho?

24 DE DICIEMBRE

¿Noche de paz?

Lea Lucas 24

"Paz a vosotros". (Lucas 24:36)

Me encanta la Nochebuena, especialmente el cantar "Noche de paz" mientras encendemos velas alrededor del santuario. Cuando todas están encendidas y el espacio se llena de una luz tenue, las caras alrededor parecen brillar con asombro y calma. El Señor está cerca y yo siento tanta paz.

Paz: puede ser difícil de alcanzar, ¿no? Un villancico de Henry Wadsworth Longfellow dice:

Y en desesperanza incliné la cabeza.
"No hay paz en la tierra", dije,
"Porque el odio es fuerte y se burla de la canción
De paz en la tierra, buena voluntad para
los hombres."

Cuando Jesús resucitó de entre los muertos, se encontró con un grupo de hombres que se escondían con miedo y confusión. El hombre al que habían dedicado sus vidas, el líder que habían prometido seguir, el amigo que los había amado incondicionalmente, Jesús, había sido ejecutado por el estado tres días antes. Sus sueños habían muerto. Sus esperanzas habían sido destrozadas. Su paz había sido perturbada. "Jesús mismo. . . les dijo: "¡Paz a ustedes!" No estoy seguro, pero parece que la aparición de un hombre muerto en una habitación con puertas cerradas probablemente causaría más ansiedad que paz. Pero esto era justo lo que necesitaban para darles paz.

Tal vez la paz de la Navidad se haya tragado por el ritmo agitado, por las disputas familiares, por la inseguridad o la decepción. Quizás se está escondiendo en el miedo y la confusión. Quizás alguien a quien ama ya no esté en "casa para la Navidad". Hay alguien a quien la muerte, el miedo o las puertas cerradas no pueden evitar. Él está con usted, ahora mismo, en la habitación donde se está escondiendo. Y su palabra para usted es: "Paz".

Oración: Jesús, gracias por darme paz en tiempos de confusión. Al considerar tu nacimiento y tu resurrección, ayúdame a tener y a compartir tu paz. En tu nombre lo pido. Amén.

Para considerar: ¿En qué área de su vida necesita más la paz de Jesús en este momento? ¿Cómo puede ganarlo?

¿A quién puede ayudar a encontrar la paz de Jesús? ¿Como lo hará?

Para más estudio y reflexión: Haga una búsqueda en Internet de las "guerras actuales en la tierra". Ore por las personas afectadas por la devastación de la guerra.

Reflexione: Lea Hebreos 11:35–40. Ore por los cristianos que están sufriendo persecución. Pídale a Dios que les dé paz, esperanza y protección esta Navidad.

Para niños y familias: Canten o escuchen "Noche de paz" juntos. Si su situación le permite hacerlo sin peligro, encienden unas velas mientras disfruten de la canción.

Discuten:

- ¿En qué le hace pensar esta canción?
- ¿Por qué cree que asociamos el silencio con la paz?
- ¿En qué área de su vida necesita más la paz de Jesús ahora?

25 DE DICIEMBRE

¡Feliz Navidad!

Lea Lucas 2:1–20

Por aquellos días Augusto César decretó que se levantara un censo en todo el Imperio romano. (Este primer censo se efectuó cuando Cirenio gobernaba en Siria). Así que iban todos a inscribirse, cada cual a su propio pueblo. También José, que era descendiente del rey David, subió de Nazaret, ciudad de Galilea, a Judea. Fue a Belén, la Ciudad de David, para inscribirse junto con María su esposa. Ella se encontraba encinta y, mientras estaban allí, se le cumplió el tiempo. Así que dio a luz a su hijo primogénito. Lo envolvió en pañales y lo acostó en un pesebre, porque no había lugar para ellos en la posada.

En esa misma región había unos pastores que pasaban la noche en el campo, turnándose para cuidar sus rebaños.

Sucedió que un ángel del Señor se les apareció. La gloria del Señor los envolvió en su luz, y se llenaron de temor. Pero el ángel les dijo: «No tengan miedo. Miren que les traigo buenas noticias que serán motivo de mucha alegría para todo el pueblo. Hoy les ha nacido en la Ciudad de David un Salvador, que es Cristo el Señor. Esto les servirá de señal: Encontrarán a un niño envuelto en pañales y acostado en un pesebre».

De repente apareció una multitud de ángeles del cielo, que alababan a Dios y decían: «Gloria a Dios en las alturas, y en la tierra paz a los que gozan de su buena voluntad».

Cuando los ángeles se fueron al cielo, los pastores se dijeron unos a otros: «Vamos a Belén, a ver esto que ha pasado y que el Señor nos ha dado a conocer». Así que fueron de prisa y encontraron a María y a José, y al niño que estaba acostado en el pesebre. Cuando vieron al niño, contaron lo que les habían dicho acerca de él, y cuantos lo oyeron se asombraron de lo que los pastores decían.

María, por su parte, guardaba todas estas cosas en su corazón y meditaba acerca de ellas. Los pastores regresaron glorificando y alabando a Dios por lo que habían visto y oído, pues todo sucedió tal como se les había dicho.

Oración:

Gracias te damos, Señor Jesús, en esta
mañana de Navidad,
Que viniste a la tierra humilde para nacer.
A un establo simple, un establo para ganado,
Viniste ese día para salvarnos a todos.
Que hoy, cada uno haga nuestra parte,
Al pedirte que entres en nuestros corazones.
Amén.

—Scott Wade

Para Todos: Después de leer la historia de la Navidad juntos, hablen sobre la importancia de esta historia. Discuten formas en que pueden mantener vivo el espíritu de la Navidad más allá de este día.

OTROS LIBROS POR SCOTT WADE
(Disponible solo en inglés)

LA SUBIDA
Comience aquí,
una guía devocional de cinco años por la Biblia

LIBRO 1: ***COMIENCE AQUÍ***
Nuevo Testamento, Salmos y Génesis—Números

LIBRO 2: ***MANTENGA EL ENFOQUE***
Nuevo Testamento, Salmos y Deuteronomio—1 Reyes

LIBRO 3: ***APÉGUESE***
Nuevo Testamento, Salmos y 2 Reyes—Job

LIBRO 4: ***ESTÍRESE***
Nuevo Testamento, Salmos, Proverbios, Isaías y Jeremías

LIBRO 5: ***MANTÉNGASE DERECHO***
Nuevo Testamento, Salmos, Eclesiastés, Cantares y Lamentaciones—Malaquías

Cómo hacer un pedido:
Visite el sitio web de Momentum Ministries en
www.momentumministries.org
para ordenar copias de este y otros libros para ayudarlo a alcanzar, mantener y recuperar el impulso espiritual

Acerca de los autores

¡Scott Wade y su esposa, Lana, adoran la Navidad! La preparación favorita de Scott para Navidad es cortar un enorme árbol de Navidad y decorarlo junto con el resto de la casa y el patio. Para Lana tiene que ser cocinar y prepararse para la llegada de hijos y nietos, y preparar el coro para los musicales navideños que ha dirigido durante muchos años. Los Wade tienen tres hijas junto con sus esposos y siete nietos. Scott y Lana sirvieron juntos en el ministerio pastoral durante veintinueve años antes de sentirse llamados por el Señor a «salir del bote» y comenzar una nueva cosa: los Ministerios Momentum. Con énfasis en la escritura y la predicación, el pastor Scott busca ayudar a las personas y las iglesias a alcanzar, mantener y recuperar el impulso espiritual. Scott y Lana ahora residen en Johns Island, Carolina del Sur.

Matt y Fay Wagner contribuyeron con las actividades y preguntas para las secciones devocionales tituladas "Para niños y familias". Los Wagner son educadores de escuelas públicas cerca de Cincinnati, Ohio. Creen que Dios los ha llamado a esta área de servicio. Cuando no están en la escuela les gusta viajar y han dirigido varios viajes misioneros. Su tradición navideña favorita es hornear galletas y decorarlas con su familia. Disfrutan sus vacaciones con su hija, Hillary; hijo Robert; y su "hija por amor" (nuera), Aimee.

www.ingramcontent.com/pod-product-compliance
Lightning Source LLC
Chambersburg PA
CBHW061742020426
42331CB00006B/1323

* 9 7 8 1 9 4 7 6 7 1 8 8 1 *